# TRICK 17

## Advent & Weihnachten

Über 100 geniale **LIFEHACKS**
für eine stressfreie Weihnachtszeit

# Inhalt

# Noch 24 Tage bis Weihnachten

# 1 Licht im Glas

Eine schöne Deko erhält man, indem man ein großes Vorratsglas mit vielen kleinen Weihnachtskugeln und Dekogegenständen befüllt und zudem noch eine batteriebetriebene Lichterkette im Inneren des Glases verteilt. Den Schalter zur leichteren Handhabung unauffällig oben mittig platzieren.

Ein Glas voller LED-Lichter kann man unbesorgt unbeaufsichtigt lassen – und es macht sich gut am Wohnungseingang oder auf dem Balkon!

Achtung vor scharfen Dosenkanten! Ggf. mit einer Feile glätten.

Eine leere Konservendose kannst du nach Herzenslust mit Lack oder Sprühfarbe und bunten Tapes gestalten oder anmalen und anschließend mit Steckmasse und Moos füllen. Vier Kerzen und eine hübsche Beschriftung mit Klebeetiketten – und schon hast du den perfekten kleinen Adventskranz. Dekostecker oder Stecknadeln mit bunten Köpfen ergänzen das Ganze.

# Schönes Döschen

2

# BUTTERBROT-TÜTEN-STERN

3

1

**1** Schneide 14 Butterbrottüten an der offenen Seite spitz zu.

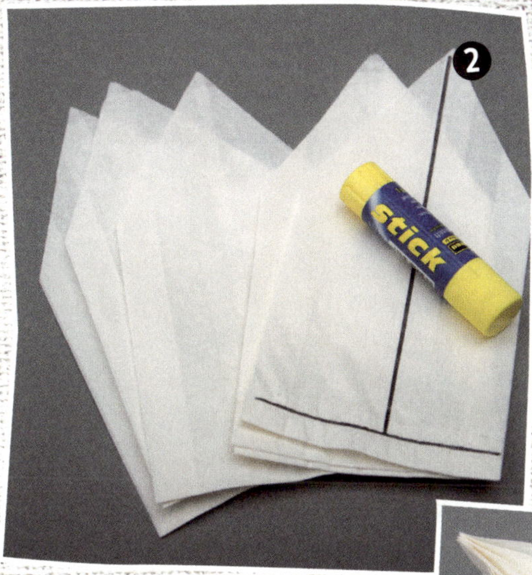


**2** Bestreiche die jeweils untere geschlossene Kante und die Mittelachse mit Klebstoff...

**3** ... und klebe eine Butterbrottüte nach der anderen aneinander, bis der Stern geschlossen ist.

**4** Für die Aufhängung ein Stück doppelseitiges Klebeband am Stern anbringen und Angelschnur zwischen Kleber und Stern in der gewünschten Länge befestigen.

Letztes Element nicht verkleben, so lässt sich der Stern problemlos in einem Briefumschlag verschicken!

# 4 ZAHN-STOCHER-STERN

Du brauchst sechs Zahnstocher und etwas Washi Tape (alternativ kleine Haargummis). Klebe drei Zahnstocher mit Washi Tape an den Spitzen aneinander. Die anderen drei ebenfalls fixieren, dabei aber eine Seite offen lassen. Die beiden Dreiecke ineinanderstecken und letzte Spitze verschließen.

1

2

Schnell & schick!

5

# Herrenkranz

Stelle vier kleine Biere im Quadrat auf eine Unterlage (z.B. Küchenbrett). Jeweils eine Wurst zwischen die Biere legen und etwas Weihnachtsdeko in dem Herrenkranz verteilen.

# 6 Pocket-Adventskalender

Adventskalender-Überraschung: Nimm eine Streichholzschachtel für große Streichhölzer (Kaminhölzer), umklebe sie mit Papier. Anschließend gestaltest du sie individuell mit Zahlen von 1–24 und weihnachtlichen Motiven. Auch runde Klebeetiketten aus dem Bürobedarf leisten hier gute Dienste. 24 Geleebohnen oder 24 Schokolinsen sind die optimale Kalenderfüllung.

Wer es nicht süß mag, legt 24 Minizettel mit schönen Botschaften hinein.

# KNUSPER-GIRLANDE 7





Eine witzige Girlande, die allerdings nicht sicher vor gefräßigen Gästen ist: Einfach Plätzchen ausstechen (Herzen, Bäume, Männchen oder Sterne) und vor dem Backen mit einem Strohhalm mittig zwei Löcher einstechen, durch die man nach dem Backen ein schickes Webband fädeln kann.

Verwende einen Teig ohne Backpulver oder Hefe, damit die Löcher sich durch den Backvorgang nicht wieder schließen.

# 8 Adventskranz-Nostalgie

Tannenzweige (alternativ Zapfen, Stechpalme oder Mistelzweige) in vier Sammeltassen verteilen und in jede Tasse eine Stumpenkerze stellen. Die Zahlen 1–4 auf Kreidetäfelchen schreiben.

Nostalgie aus Omas alten Tassen – die Tassen gehen dabei nicht kaputt!

Cooler Adventskalender:
In den Korb kannst du kleine, verpackte Geschenke legen.

# RENBIERE 9

Maskuline Dekoration: gestalte fünf Bierflaschen mit Wackelaugen, Nasen aus Pompons und Geweihen aus Chenilledraht zu Rentieren um. Einen Weihnachtsmann in eine mit Reisig ausgelegte Kiste setzen und mithilfe einer Schnur mit den Rentieren verbinden.

Schnellverpackung: Plätzchentüte

# 10 Adventskranz to go

Diesen Adventskranz kannst du wirklich überall mit hinnehmen – sogar auf Weltreise. Vier Teelichte mit Washi-Tape verzieren und die Ziffern von 1–4 draufschreiben; ein paar Streichhölzer dazu – fertig!

# Advents-kalender-blech

11



Ein 24er-Muffinblech wird schnell zu einem Adventskalender, wenn man sich aus Tonpapier in Lieblingsfarben 24 Kreise ausschneidet, die die Mulden 5 mm überlappend abdecken. Tonpapierkreise mit Aufklebern, Stiften und den Ziffern von 1–24 gestalten, Mulden füllen und die Kreise anschließend mit doppelseitigem Klebeband auf die Mulden kleben.

Gute Füllungen sind Schokolinsen, Bonbons, Knöpfe, Zettel mit Sprüchen oder aber kleiner Baumschmuck.

# 12 Trinkdeko

Tetra Pak™ leer trinken, ausspülen und trocknen lassen. Gerade oder in Dachform aufschneiden und mit einem Cutter Türen und Fenster einschneiden. Wer unsicher ist, sollte mit wasserfestem Stift vormalen. Anschließend die Getränkekartons (weiß, hellblau oder rosa) anmalen (Acrylfarbe) und nach dem Trocknen ggf. mit einem Filzstift weiter dekorieren (Hausnummern und Mauerwerk aufzeichnen). Teelichter ins Innere stellen, fertig ist die Recycling-Deko.

LED-Teelichter kann man auch mal unbeaufsichtigt lassen.

# Dekoration in neuem Gewand

13

Schon seit Jahren der alten Weihnachts-Dekoration überdrüssig? Dann ist das genau das Richtige für dich: Nimm dir einen Dekoklassiker und besprühe ihn (auf einer alten Zeitung) mit Sprühfarbe. Lass alles gut trocknen.

Klasse in Gold, Nachleuchtend oder Neonpink!

14

# Zuckerlichter

Die Familie kommt zum Adventskaffee und du hast nicht dekoriert? Das 5 Minuten-Zuckerlicht hilft! Dazu mit Kreppband ein Glas mit dem gewünschten Muster abkleben und mit Haarlack besprühen. Danach Puderzucker durch ein Sieb fein über das Glas sieben, trocknen lassen und das Kreppband abziehen. Noch einmal mit Haarspray fixieren. Eine Kerze in das Glas stellen, anzünden und den Besuch willkommen heißen.

Das Abkleben geht auch super mit kleinen Sternaufklebern.

# ZUCKERSTANGEN-KRANZ

**15**

Candycane-Kranz: Du benötigst 22–24 Zuckerstangen (die Anzahl variiert je nach Größe der Stangen). Lege immer zwei Zuckerstangen zu einem Herz aneinander und schiebe alle Herzen zu einem Kranz zusammen. Die Verbundstellen jeweils mit starkem flüssigen Klebstoff aneinanderkleben, trocknen lassen und ein Band am Kranz befestigen.

# 16 DEKOBÜGEL

Keinen Bock auf einen klassischen Türkranz? Schnapp dir einen Metallkleiderbügel, Tannengrün, deine vorhandene Weihnachtsdeko, ein bisschen Nylonfaden und je nach Geschmack ein Dekotier. Die Äste mit dem Nylonfaden am Bügel festknoten, Deko (Stofftier oder Plastikpilz) dranstecken – fertig!

Statt eines Tieres sieht auch eine große Schleife aus schickem Satinband super aus!

# Fix fixiert 17

Girlanden und Lichterketten kann man spur- und mühelos an Treppen anbringen, wenn man, statt Klebeband oder Nägel zu verwenden, lange Kabelbinder in gleichmäßigen Abständen festzurrt.

Alternativ geht natürlich auch Draht, dessen Enden man unauffällig unter dem Geländer verzwirbelt.

18

# Wie unauffällig!

Einen Nagel in die Tür schlagen – nur für einen Türkranz? Das hinterlässt gewiss hässliche Löcher. Du kannst auch einfach unauffällig einen Nagel oder eine Reißzwecke mit dem Hammer in die obere, schmale Türkante schlagen. Mit Nylonfaden den Türkranz daran „unsichtbar" aufhängen.

Du kannst dir auch aus einem alten Drahtkleiderbügel einen kleinen abnehmbaren Aufhängehaken biegen, den du oben über die Tür legst.

19

# Nadelfrei

Tannengrün nadelt weniger und hält länger frisch, wenn du den Astanschnitt mit feuchtem Küchenkrepp umwickelst und es dort mit einem Gummi fixierst. Das Küchenkrepp von Zeit zu Zeit wässern, z.B. mit einer Sprühflasche.

Von bekannten Varianten wie dem Einsprühen mit Haarlack ist dringend abzuraten, denn das macht dein trockener werdendes Tannengrün nur noch brennbarer!

20

# LOVE GLOVE

Nächstenliebe-Deko zum Hängen, Lehnen oder Legen: Nimm dir einen hübschen Handschuh (es gibt ja in jedem Winter Handschuhpaare, von denen auf wundersame Weise nur einer übrigbleibt). Stecke Zweige in die Finger des Handschuhs – so sind sie optimal drapiert. Binde um den Handschuhschaft eine farbige Schleife. Die Äste kannst du mit Weihnachtsdeko schmücken. Lege dein gestaltetes Grün entweder dekorativ auf den Tisch oder hänge den Handschuh auf.

So ein „Boschen" (an der Tür aufgehängt) symbolisiert in vielen Regionen „Wir haben genug für einen weiteren Hungrigen – tritt ein!".

Ein farblich passendes Schleifenband um den Glasstiel ergänzt deine Deko perfekt.

# GEBANNTE WILDNIS

21

Gummitiere, Weihnachtskugeln, Mini-Engel oder kleine Zapfen – stelle ein paar wunderbare Kleinigkeiten unter ein Wein- oder Cognacglas. Schon ist der Esstisch weihnachtlich geschmückt. Zusätzlich schön: Puderzucker über das Arrangement sieben, dann sieht die Tischmitte verschneit aus!

Vor dem Abbrennen das Papier entfernen und die Kerzen auf einen feuerfesten Teller stellen.

Schnelles Geschenk!

# 22

# GEWÜRZKERZE

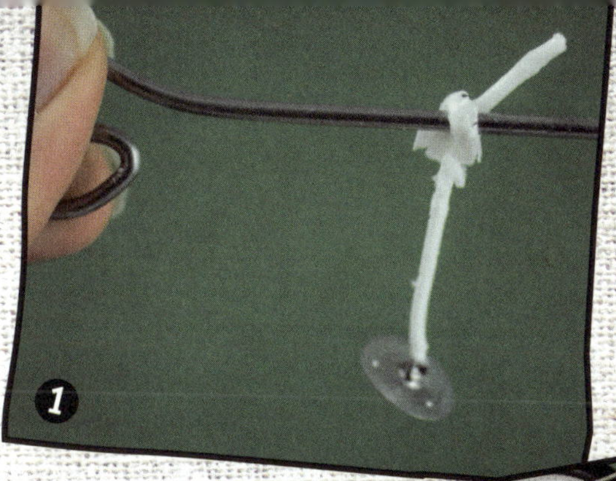


1 Du knotest jeweils einen Docht an einen Schaschlikspieß.

2 Ein Muffinblech mit Papiermuffinförmchen auslegen. Die Spieße mit den Dochten legst du quer über die Muffinmulden, sodass die Dochte in die Muffinförmchen hängen. Brösle nun Kerzenwachs oder 3–4 Teelichte in die Förmchen.

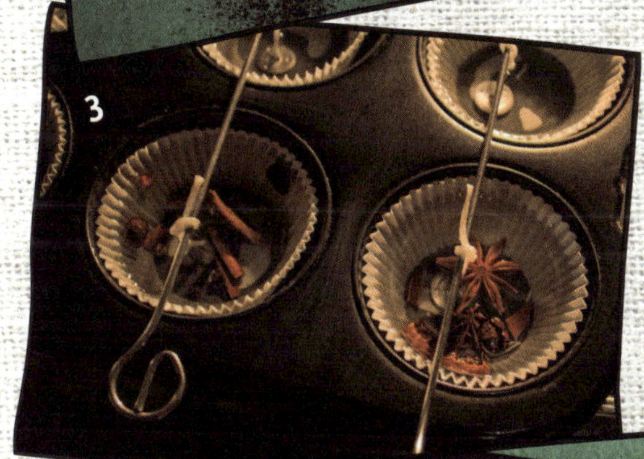


3 Stelle das Muffinblech mit den Schaschlikspießen etwa 10 Minuten, bei 150 °C (vorgeheizt) in den Backofen. Ist das Wachs fast flüssig, legst du deine Gewürze (Zimtstangen, Kaffee, roten Pfeffer, getrocknete Orangenstücke und Sternanis) hinein.

4 Nimm das Muffinblech aus dem Backofen, und wenn das Wachs fast wieder fester wird, legst du noch einige dekorative Gewürzstücke drauf.

# Apfel, Nuss & Mandelkern

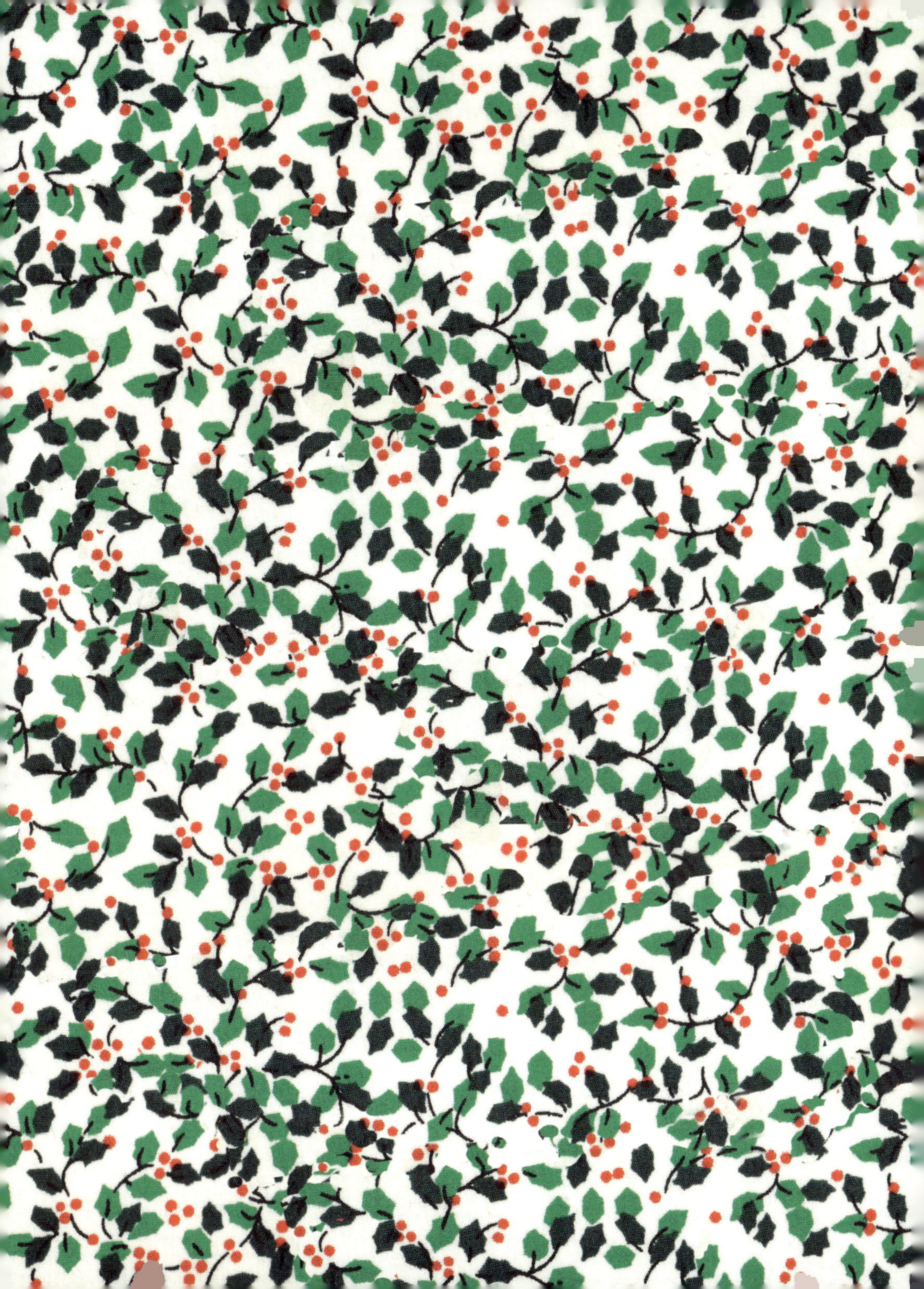

# 23 Eiswaffel-Tannenbäume





Noch Eiswaffeln im Schrank? Dann einfach dunkle und weiße Schokolade schmelzen und über die Waffeln gießen. Darüber ein paar Zuckerperlen und kleine Marshmallows verteilen – fertig sind die verträumten Tannen aus dem Schlaraffenland.

Diese fixe Deko kann man auch naschen!

Weiße Schokolade lässt sich mit Lebensmittelfarbe (zum Beispiel grün) färben, wenn du die Farbe tropfenweise unterrührst.

Wähle einen Teig ohne Backpulver oder Hefe!

Hol dir alle deine figürlichen Ausstecher hervor: Männchen, Bären, Elche. Stich Kekse aus und gib Schokolinsen (backfest), eine Mandel oder eine Rosine in die Armbeuge der Figur. Nach dem Backen verleihst du den Keksbuben dann mit Zuckerschrift noch den passenden kecken Gesichtsausdruck.

# 24 KEKSBUBEN

# 25 Bunter Guss



Naturfarben sind zwar nicht so intensiv wie gekaufte Lebensmittelfarben, aber dafür frei von Zusatzstoffen und künstlichen Aromen: Gelb erhältst du, wenn du (z. B. dem Keksteig) Kurkuma untermischst (Wasser dazu). Ein schönes Weinrot bei schwarzem Johannisbeersaft und Grün durch einen Sud aus gekochten Pfefferminzblättern.

Aus normalem (Würfel-)Zucker kannst du ganz einfach Puderzucker machen. Gib ihn in den Mixer und mixe ihn solange, bis er zu feinem Staub geworden ist.

Für Zuckerguss mischst du einfach Puderzucker mit Biofarbstoff.

26

Für große Prinzessinnen: Rosa Guss aus Eischnee, Puderzucker und einem Esslöffel Glühwein (oder einem Rotweinrest) anrühren. Alternativ für kleine Prinzessinnen: Statt Wein Kirschsaft verwenden.

# ZUCKERSPRITZE

Keine Spritztülle griffbereit? Ein supergünstiger Artikel, der sich wunderbar zum kleinteiligen Dekorieren eignet, ist eine Einmalspritze (die gibt es für wenige Cent in der Apotheke). In den Guss halten und aufziehen, anschließend losdekorieren und dabei behutsam den Spritzenkolben nach unten drücken.

# ESSBARER TELLER

27

1 Keine schönen Untertassen im Haus, aber die Oma hat sich angekündigt? Kein Problem! Einfach eine Kuchenform mit Backpapier und dann mit Bonbons auslegen bis der Boden bedeckt ist.

2 Nun das Ganze für 15 Minuten bei 150 °C in den vorgewärmten Ofen.

3 Abkühlen lassen und aus der Form entnehmen. Fertig sind Untertassen oder Platzteller (je nach Backformgröße).

Leckerer Blickfang!

Riesenlutscher: Cakepop- oder Schaschlikstab in die weiche Bonbonmasse legen. 1a Nikolausgeschenk!

# 28 WASSERBAD





Achtung!
In der Mikrowelle verbrennt Schokolade schnell!

Die Schokolade (egal welche Sorte!) zum Verzieren von Weihnachtsleckereien lässt sich ganz einfach schmelzen, wenn man sie in einem Wasserbad erhitzt. Dazu eine hohe Schale in einen mit Wasser gefüllten Topf stellen und das Wasser zum Kochen bringen. Sobald die Schokolade anfängt zu schmelzen, rührst du ständig kräftig um.

# KEKSE PRÄGEN 29





Eine individuelle Teig-Prägung bekommst du ganz einfach hin, indem du deinen ausgerollten Keksteig vor dem Ausstechen mit einem schön geprägten Gefäß überrollst (Vasen haben oft tolle Oberflächen). Du kannst Kekse auch mit Glasböden bestempeln (und mit der Öffnung sogar ausstechen).

Du hast kein Nudelholz? Du kannst den Plätzchenteig gut mit einer vollen Bierdose ausrollen.

# Härtefall 30

Manchmal werden knusprige Plätzchen in der Keksdose einfach zu hart. Lege ein Apfelstück, am besten auf einem Stück Backpapier, oben auf die Plätzchen in der Dose, dann werden die Kekse wieder lecker.

Alternativ kannst du auch ein angefeuchtetes Küchenkrepp auf das Backpapier legen, solltest du befürchten, dass der Apfel die Plätzchen zu sehr aromatisiert.

# Knusperkekse

31

Küchenkrepp zweimal jeweils mittig falten und mit einer Schere einen Viertelkreis über die offenen Seiten schneiden. Entfaltet hat man ein rundes Küchenkrepp für runde Keksdosen.

Damit Plätzchen in der Keksdose schön knusprig bleiben, schichtet man die Plätzchen Lage für Lage in die Keksdose. Stets eine Lage Kekse mit Küchenkrepp bedecken und anschließend die nächste Lage darauf stapeln, die wiederum auch mit Küchenkrepp bedeckt wird.

Mehlstaub auf dem Förmchen ist besonders bei komplexen Ausstechformen unverzichtbar!

# Völlig 32 losgelöst

Die Plätzchen lösen sich beim Ausstechen schlecht vom Förmchen? Dazu einen kleinen Mehlhügel neben dem ausgerollten Teig aufhäufen und vor dem Ausstechen stets die Ausstechform kurz ins Mehl tauchen. Die Plätzchen lösen sich so ganz von allein aus dem Ausstecher oder dem (Holz-)Model.

# Angebrannte Kekse retten

## 33

Angebrannten Keksen rückst du am besten mit einer Reibe auf den Leib. Rasple die angebrannten Stellen einfach ab, danach schmecken die Kekse lecker wie immer.

Anschließend mit Kuvertüre überziehen, dann sieht das Unglück kein Mensch!

Teste auch die alternative Elvis-Füllung: Banane, angebratener Speck und Erdnussbutter. Klingt seltsam, schmeckt super!

Adventsfrühstücks-Luxus: Fertig-Blätterteig (oder Fertig-Croissantteig) in längliche Dreiecke schneiden. Apfelstücke, Rosinen, Zimt (und optional Kardamom) und Mandelstückchen vermengen und esslöffelweise auf den Teig geben. Zur Spitze hin aufrollen. Mit geschmolzener Butter bestreichen und Mandelsplitter darüber streuen. Für 15 Minuten im Ofen bei 150 °C (Umluft) goldbraun backen.

# BRATAPFEL-CROISSANT

34

# Candycane-Kekse

35





(Butterplätzchen-)Teig herstellen und in zwei gleiche Teile teilen. Einen Teil mit roter Lebensmittelfarbe ein-färben. Nun aus jedem Teil Stücke abtrennen und zu einer 1 cm starken und 12 cm langen Wurst rollen. Zwei Würste miteinander verdrehen und in Zuckerstangenform (Bischofsstab) auf Backpapier legen und ausbacken.

Die gebackenen Zuckerstangenkekse lassen sich einfrieren. Entweder bei Zimmertemperatur auftaven lassen – oder für 30 Sekunden in die Mikrowelle geben und dann heiß servieren!

# Witziger Streuselrand 36

Schmilz Schokolade (oder Kuvertüre) indirekt im Wasserbad. Schütte unterdessen bunte Zuckerstreusel in einen tiefen Teller. Tauche den Rand des Glases kurz 0,5 cm tief in die geschmolzene Schokolade und anschließend direkt in den Teller mit Streuseln. Abkühlen lassen. Erst jetzt befüllen.

Der Streuselrand macht sich auch gut an Nachtisch-Schüsseln. Mmh, Pudding!

# Chipsrolle als Keksdose

37

Mit Geschenkpapier beklebt, ist das eine klasse Verpackung für ein Keksgeschenk. Lässt sich auch gut verschicken!

Eine tolle Füllung sind die Keksbuben von Seite 33.

Ruck-Zuck-Keksdose: Chipsdose auswaschen und abtrocknen, dann mit selbstgebackenen Cookies füllen, mit dem Deckel verschließen. Frischegarantie!

# 38 Gewürzbeutel

Dieser Beutel schwimmt oben! Teebeutel mit Gewürzen füllen und den Beutel mit einer Klammer verschließen. Danach einen Korken an den Beutel binden – und einen frischen Gewürztee servieren.

Der perfekte Gewürztee: 1 g Zimt, 1 Messerspitze Kardamom und 2 g Kakaoschalen.

# 39 STERNENGLANZ IM GLAS





Einfach nur Glühwein servieren war gestern! Mit einer schicken kleinen Ausstechform kann man schöne Elemente aus einem in Scheiben geschnittenen Apfel ausstechen und so den Glühwein (oder Apfelpunsch) in einen echten Hingucker verwandeln.

Kindervariante: Anstelle von Glühwein schmeckt auch heißer Johannisbeersaft mit Zitronensaft gemischt sehr lecker.

# BEMALTER WÜRFELZUCKER 40

Süße Liebesgrüße: Male mit einem dünnen Pinsel und roter Lebensmittelfarbe kleine Herzen auf Würfelzucker. Das Ganze dann 10 Minuten trocknen lassen, bevor du den Zucker zu Kaffee- oder Tee servierst.

Achtung! Das Getränk verfärbt sich vom Liebeszucker.

# Glühweinsüße

41

Lecker in Glühwein oder auf dem Joghurt: Von einer Bio-Orange die Schale abreiben und für ein paar Stunden trocknen lassen. 100 g Zucker mit einer geriebenen Zimtstange und einem halben Teelöffel Kardamom mischen. Abschließend die getrocknete Orangenschale unter den Zucker mischen.

Macht sich auch prima oben auf dem Milchschaum von Cappuccino und Latte Macchiato – mhm, Weihnachtskaffee!

# Lieblingskakao

42





Marshmallow + kleiner Herzausstecher = Liebesbotschaft! Stich ein Herz aus einem Marshmallow aus und leg es erst kurz vor dem Servieren auf den heißen Kakao.

Das Ausstechen funktioniert besser, wenn du den Marshmallow vorher einige Stunden in den Kühlschrank legst oder einen Tag vorher aus der Packung nimmst, damit er ein bisschen fester ist.

# 43 GLETSCHER-LIKÖR

Eine Tüte Eisbonbons in eine Wodkaflasche füllen, einen Tag warten, Flasche gut schütteln (alle Bonbons sollten sich aufgelöst haben). Blauen Superlikör verschenken!

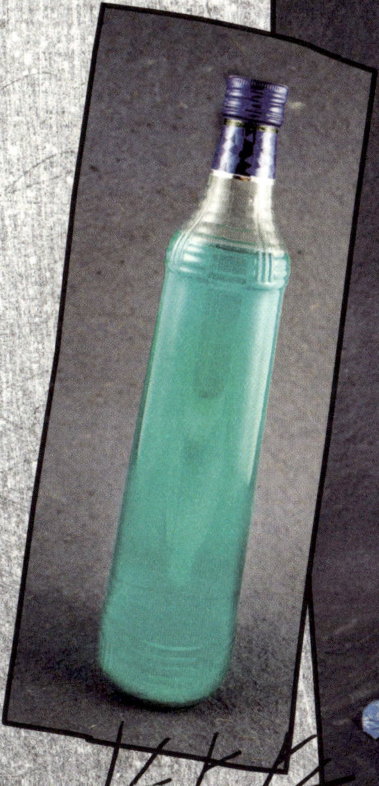

Das funktioniert auch mit Zitronenbonbons (z. B. Nimm 2®)!

# 44 SÜSSE LICHTERKETTE

Nimm dir eine Gummischlange (alternativ eine aufgerollte Lakritzschnecke) und lege sie der Länge nach aus. Danach machst du kleine Mittelstege, z. B. aus einer weiteren Gummischlange oder aus Gummibärchen. Verschmelze die Nahtstellen mit dem Feuerzeug. Schmilz nun die „Lichter" an. Dafür eignen sich m&m's® mit Mandeln oder Bonbons.

Diese originelle Deko kannst du über den Esstisch hängen oder um eine Weihnachtstorte wickeln.

# 45 Fenster-Kekse

Lustig: Faden durch den Teig fädeln und die Kekse als Naschdeko ins Fenster hängen.

Für eine bunte „Kirchenfensteroptik" zerkleinerst du verschiedenfarbige Bonbons und streust vielfarbige Bonbonsplitter in die Mitte des Kekslochs.

Keks und Innenfenster ausstechen, auf Backblech mit Backpapier legen. Dann legst du ein (Zitronen-)Bonbon in die Mitte des ausgestochenen Plätzchenteigs, beim Backen verläuft es und wird klar.

# Festtagsschmaus & Tischdeko

# 46 Obstsalat „Tannengrün"

1 Obstsalat in Tannenform: Kiwis schälen, in Scheiben schneiden und auf dem Teller in Tannenform anordnen.

2 Himbeeren waschen und gleichmäßig darauf verteilen. Kiwischalen als Baumstamm arrangieren.

3 Karambole in Scheiben schneiden und ebenfalls dekorativ verteilen. Zum Schluss mit Physalis, Schokolinsen oder Heidelbeeren dekorieren. Fröhliche Weihnachten!

Schäle (weiche) Kiwis mit einem Sparschäler. Perfekte Scheiben bekommst du mit einem Eierschneider.

Wer es knusprig mag, kann auch einen Braten mit Schwarte kaufen und diese während der Backzeit alle 30 Minuten mit Honig einpinseln.

# Easy Weihnachts-schwein

47

Mageres Schweinebratenstück kaufen, waschen und in gleichmäßigen Abständen Schlitze einschneiden. Dort Apfelscheiben einstecken. Rundherum mit Salz, Zimt und Koriander würzen. Schweinebraten in eine gefettete Schmorpfanne legen und mit Möhren, Backpflaumen und Zwiebeln garnieren. 100 ml Sherry-Essig angießen. Zwei Stunden bei 160 °C im offenen Bräter backen. Ab und zu etwas Flüssigkeit nachgießen (Cidre, Brühe oder Wasser). Vor dem Servieren mit Salz und Pfeffer abschmecken.

# Eiswürfel 48 als Entfetter





Eiswürfel in Küchenkrepp einschlagen und zu einem kleine Säckchen drehen. Säckchen in die Suppe bzw. Soße halten: Es zieht die Fettaugen an!

Wem mit scharfem Gewürz mal die Hand ausgerutscht ist, der kann etwas Öl zugießen, weil sich die Schärfe an das Fett bindet. Alternativ hilft eine geriebene Kartoffel in der Soße.

# 5-SEKUNDEN MAJO 49





Wenn's mal schnell gehen muss: 1 Ei, 1 Teelöffel Senf, 1 Prise Salz, den Saft einer halben Zitrone und 200 ml Rapsöl mit einem Handrührgerät von unten nach oben ein paar Sekunden zu einer Mayonnaise vermixen. Fertig!

Im Kühlschrank aufbewahren!

Du hast kein Obst da? Orangenlimonade geht genauso gut: Hühnerpo über eine geöffnete Orangenlimodose stülpen. Ebenfalls in eine Auflaufform stellen – das Huhn backt senkrecht.

# Der große Braten 50

Ein edles Weihnachtshuhn (geht auch mit einer Ente) ist ganz einfach, denn du musst es nicht entbeinen: Innereiensäckchen entnehmen, ganzes Tier abwaschen, außen und innen salzen und pfeffern und mit etwas Rosmarinpulver einreiben. Eine ganze Zitrone (oder Orange) waschen und die Schale einstechen. Die Frucht wird nicht mitgegessen, gibt dem Fleisch aber viel Aroma und Feuchtigkeit. Ab damit in den Hühnerleib. Lege das Tier zum Garen in eine Auflaufform. Bei 160 °C für 80 Minuten in den Backofen (Ober-/Unterhitze). Mhm!

# 51 MOZZARELLA-SCHNEEMANN



Warum Schneemänner eigentlich immer nur draußen bauen? Zwei Mozzarella-Kugeln großzügig in Knoblauchflocken oder Kokosraspeln rollen und übereinander auf einen Zahnstocher stecken. Aus Wacholderbeeren (oder Pfefferkörnern) und einem Möhrenstück Gesicht und Knöpfe gestalten.

Beim Weihnachtsbuffet servieren!

Du kannst mit einem scharfen Messer auch Muster in die Möhrenkerze schnitzen.

52

# Möhrenkerze

Schäle eine Möhre und schneide das Grün gerade ab, sodass sie frei stehen kann. Ein Lichtlein aus Zahnstocher und Karton basteln und in die Möhre stecken. Die Kerze mit ausgestochenen Gurkensternen und Cocktailtomaten verzieren.

# ROMANTISCH! 53

Engel, Eisbär oder Schäfchen hinstellen, (Wein-)Glas drüber stülpen und weihnachtliche Streudeko (alternativ Zucker oder gehackte Pistazien) rundherum arrangieren. Auf den Boden des Glases eine farblich passende Stumpenkerze stellen und fertig ist die perfekte Deko für deinen Tisch.





Flohmarktgläser kannst du mit Sprühkleber und Glitzer im Glasboden aufpeppen.

# Tischkarten-halter 54





Binde zwei kleine Zuckerstangen mithilfe eines Haushaltsgummis Rücken an Rücken zu einem Tischkartenhalter zusammen. Beschrifte ein kleines Kärtchen mit dem Namen deines Gastes und stelle es in den Tischkartenhalter.

Frische Maronen erkennt man daran, dass sie schwer sind und die Schale auf Druck nicht nachgibt.

Luxusvariante: Lege Rosmarinzweige zwischen die Maronen. Bei 200 °C im vorgeheizten Backofen backen. Nach 10 Minuten das Blech kurz aus dem Ofen ziehen und die Maronen mit flüssiger Butter übergießen und mit Meersalz bestreuen. Anschließend weitere 20 Minuten im Ofen rösten, bis alle Maronen aufgeplatzt sind.

# 55 Massenhaft Maronen

Die Maronen kreuzweise über die gesamte gewölbte Seite einschlitzen. In der Pfanne ohne Fett (große Mengen auf einem Backblech bei 200 °C im Ofen) erhitzen, bis sich die Schale anhebt.

# BAUMBROT 56





Fertigbrötchenteig öffnen, ein Blech einfetten und den Teig in Baumform darauflegen. Anschließend den Baum mit Streukäse belegen und mit Minitomaten (als Kugeln) oder Oliven (aneinandergereiht als Girlande) dekorieren. Aus Paprika Sterne ausstechen. Nach dem Ausbacken (Packungsangabe beachten) kannst du den Baum zum Servieren noch mit frischen Kräutern, wie Basilikum und Petersilie oder mit Balsamico-Creme verzieren.

Geht auch mit süßem Hefeteig: Belege deinen Naschbaum mit Rosinen, Nüssen und Äpfeln.

# 57 SPEKULATIUS-HOCHGENUSS





Pro Person 150 g Vanille- oder Sahneeis im Kühlschrank zwei Stunden antauen lassen. Fünf Spekulatiuskekse zerbröseln und unterrühren. Optional einen Teelöffel Zimt und einen Esslöffel Schokoraspeln unterrühren. Das Eis nun wieder für 2 Stunden ins Gefrierfach legen und mit Schoko- oder Fruchtsoße garniert servieren. Möglichst in den nächsten 1–2 Tagen verzehren.

Spekulatiusbrösel: Kekse in Klarsichtbeutel, Beutel verschließen, mit dem Nudelholz drüberwellen.

# GLÜHWEIN AM STIEL 58

„Kühlwein" gefällig? Eine (kalte) Flasche Glühwein mit einer halben Tasse Zucker vermischt in Wassereisförmchen füllen. Nach kurzer Kühlzeit, wenn der Glühwein schon etwas fest ist, die Eisstäbchen hineinstecken und durchkühlen lassen.

Zucker- und alkoholfreie Alternative: Traubensaft-Zimt-Eis.

Geht auch in Eiswürfelformen – mit Zimtstange als Eisstiel.

# 59 Klassische Glühbirne

Ein optisch eindrucksvolles Dessert sind „Glühbirnen“. Dazu vier Birnen schälen (den Stiel dranlassen). Die Birnen in 750 ml Glühwein legen und 30 Minuten köcheln lassen. Die Birnen dabei wenden, damit sie sich gleichmäßig einfärben. Anschließend die Birnen entnehmen, 3 Esslöffel Speisestärke in den Glühwein sieben und kurz noch einmal aufkochen lassen. Die Birnen mit der angedickten Glühwein-Soße servieren.

Die Soße wird der Knaller, wenn du einen Schuss Orangenlikör hinzugibst.

# EISBÄRENEIS

60





Stecke unterschiedlich große Marshmallows mithilfe von Zahnstochern zu einem Bärenkopf zusammen. Mit brauner Zuckerschrift malst du ein Gesicht auf. Zerteilte und auf Zahnstocher aufgespießte Marshmallows ergeben Bärenarme bzw. -beine. Setze den Bären auf einen Eisberg (Vanille- oder Sahneeis) im großen Meer (Beerensoße).

Gelbe Marshmallows und Mangoeis funktionieren ebenso gut wie rosa Schaumgummis zu Erdbeereis.

# 61 Hübsch gekringelt!

Apfel-Heißgetränke mit Apfelspiralen dekorieren: Mit dem Küchenmesser oder einem Zestenreißer einen Apfel abschälen. Die Schalenspirale kann direkt ins Glas oder du hängst die Apfelspirale an einer Zimtstange auf, die du dekorativ quer über das Glas legst. Mit Apfelpunsch aufgießen.

Singleportion: 1 Tasse Apfelsaft mit einer Zimtstange und einem Teelöffel für 1-2 Minuten bei ca. 900 Watt in die Mikrowelle stellen. Der Löffel sorgt dafür, dass der Punsch schnell heiß wird.

Tassen vorwärmen für längeren Glühweingenuss: Zur Hälfte mit Wasser gefüllt für zwei Minuten in die Mikrowelle. Wasser ausgießen. Heiße Tasse!

62

# Riesling mit Schuss

Schneller heller Glühwein, der gut durchwärmt: Mische eine Flasche Riesling mit einer Tasse Schwarztee, einer halben Tasse Rum, 60 g Rohrzucker und dem Saft einer Zitrone. Erhitze alles, aber koche es nicht! Mit Zitronenzesten dekorieren.

# 63 Servietten-Tanne

So kannst du eine Servietten-Tanne falten:

1. Die Serviette mit der Spitze nach unten und den offenen Seiten rechts und links legen.

2. Nun alle Spitzen der offenen unteren Spitze nach oben falten.

3. Die Serviette wenden und die rechte und die linke Seite zur Mitte falten.

4. Die Serviette abermals wenden, um 180 °C drehen und anschließend die Spitzen nach oben falten.

5. Die Baumspitze durch Umklappen der überstehenden Seiten ausformen.

Besonders gut wirken
Tannen-Servietten
in Grüntönen.

# 64 Baumkugel-Tischdeko





Kleine Weihnachtsbaumkugeln (Durchmesser 2,5 cm) eignen sich für eine fixe Tischdeko. Dazu die Kugeln mit starkem Kleber an Äste kleben und trocknen lassen. Jeweils 15 cm Draht um einen Stift drehen, danach flach drücken und in die Kugel stecken. Ein kleines Namenskärtchen mithilfe von doppelseitigem Klebeband an den Draht kleben (oder einklemmen).

Du kannst aber auch direkt mit einem Lackmalstift auf eine Christbaumkugel schreiben. So hast du Tischkarte und Deko in Einem.

# TISCHDEKORATION MIT ZWEIGEN 65

Kleine Bäume als Tischdeko: Einige Tannenzweige mithilfe eines dünnen Drahtes an einem Ende zusammenbinden. Unten ein wenig auffächern, sodass das Grün standfest ist. Mithilfe des Drahtes oben zwei kleine Weihnachtskugeln (Durchmesser 2,5 cm) anbringen und abschließend einen kleinen Zapfen als Baumspitze andrahten.

Instabil? Zur Sicherheit stülpst du das Bäumchen über ein schweres Glas.

# Baum & Baumschmuck

# 66 Fotokugel

Baum mit Persönlichkeit: Aufklappbare Acrylkugel öffnen, eine Kugelhälfte aufs Foto legen und abzeichnen. Ausschneiden. Foto (oder zwei Fotos, Rücken an Rücken geklebt) in die Kugel und wieder zusammenklappen. Schleife zum Aufhängen dran und fertig!

Einteilige Kugel: Aufhänger entfernen, Foto auf Papier ausgedruckt eingerollt durch die Öffnung schieben (entrollt sich im Innern), Aufhänger wieder dran.

Nadelt nicht!

# Blitzbaum 67

Nimm acht alte Einweckgläser und ein Holzbrett zur Hand. Die unteren zwei Gläser mit Zapfen befüllen und aufstellen (Stamm). Danach das Holzbrett auflegen. Nun die restlichen sechs Gläser mit bunten Kugeln befüllen und in Baumform auf das Holzbrett stellen.

68

# Lieder-girlande





Schneide dir mindestens 30 Streifen (2 cm x 16 cm) aus Notenpapier zu. Forme aus einem Streifen einen Kreis und befestige diesen mit durchsichtigem Klebeband. Nun den zweiten Streifen durch den ersten Ring schieben und erst jetzt fixieren. So geht das immer weiter, bis deine Girlande ihre finale Länge erreicht hat.

Prima Bastelmaterial: Weihnachtsliederblätter!

# Bücher-baum 69

Sortiere alle Bücher aus deinem Bücherregal nach ihrer Größe. Alle Bücher aufklappen. Damit der Bücherbaum in der Mitte ein wenig angehoben wird, stellst du unter das erste Buch eine kleine Schüssel. Beginnend mit den größten Büchern einen Baum aufschichten. Die letztendliche Höhe hängt von der Anzahl deiner Bücher ab. Den Baum kunstvoll mit Kugeln, Kette und Baumspitze dekorieren und voilà – fertig ist der Bücherbaum!

Du kannst auch versuchen, einen Bücherbaum mit Farbverlauf zu stapeln. Wie wäre es mit einem Regenbogenbaum?

Wenn es noch fixer gehen muss: Schnur durch Ausstecher – fertig!

# 70 Ruck-Zuck-Anhänger

Lege Keksformen auf Motivpapier. Übertrage die Formen und schneide sie mit einer Schere aus. Nun die Ausstecher an den unteren Rändern mit Klebstoff bestreichen und fest auf die Motivpapierform drücken. Von hinten mit doppelseitigem Klebeband Bänder zum Aufhängen befestigen und mit den lustigen Anhängern den Baum verzieren.

# Erdnusskranz

71

Nimm dir 31 Erdnüsse und stich mit einer Stopfnadel mittig in jede Nuss ein Loch. Die Nüsse werden nun auf einen Draht aufgefädelt. Den Nusskranz mit einem Schleifenband aufhängen.



Um den Draht vorab rund zu biegen, kannst du ihn um eine dicke Flasche legen.

# 72 BAUMBUCH

**1** Du benötigst ein altes, ungeliebtes Buch mit 150 Seiten (bei dickeren Büchern ein Stück Buch abschneiden). Entferne den Einband mithilfe eines Cutters und schlage die rechte obere Spitze zur Mitte.

**2** Die rechte äußere Kante ebenfalls zur Mitte schlagen.

**3** Die überstehende Spitze unten am Buchblock andrücken, damit eine Falz entsteht.

**4** Diese Ecke nach innen schlagen.

**5** Diese Schritte wiederholst du bei allen 150 Seiten. Die letzte und die erste Seite mit Büroklammern verbinden, so kannst du den Baum später wieder zusammenklappen.

**6** Fertig ist der Baum. Als Dekoration kannst du noch eine kleine Weihnachtskugel (Durchmesser 2,5 cm) oben aufstecken.

Für bunte Tannenbäumchen einfach dicke Hochglanzmagazine verwenden.

# TOO HOT! 73

Für diese schicke Deko füllst du Kunstschnee, Salz oder Kokosflocken in eine Acrylkugel. Anschließend gibst du zwei kleine Mini-Äste, zwei Pfefferkörner als Augen, ein Stück Webband als Schal und eine (Zucker-)Möhre hinzu. Wenn du eine lange Pinzette hast, kannst du das Ganze genauer platzieren. Fertig ist der „geschmolzene Schneemann".

„Möhren" und alle anderen Schneemannteile kannst du auch aus lufttrocknender Modelliermasse formen.

# Angeklammert

## 74

Aufhänger weg? Kugel defekt? Denkste! Nimm dir einfach eine Büroklammer, deren Bögen du gegeneinander zu einem „S" aufbiegst und hänge sie sowohl am Kugelhalter als auch am Grünzeug ein. Ging schnell, oder?

Büroklammern gibt es in allen Farben – grüne sind auf Tannengrün besonders unauffällig, die Kugeln hängen scheinbar magisch am Baum.

# DUFTE! 75

Iss ganz viele Orangen und stich mit einem Mini-Ausstecher aus den Schalen anschließend kleine Sterne oder Herzen aus. Besonders hübsch ist eine Mischung aus Orangen- und Blutorangenschalen. Fädle mithilfe von Nadel und (dekorativem) Faden die kleinen Teile nacheinander auf. An den Enden des Fadens kannst du zum Fixieren Zimtstangen anknoten. Während die Orangenschalen an der Girlande trocknen, verströmen sie einen herrlichen Duft in deiner Wohnung.

Das Ausstechen funktioniert besser von der Innen- zur Außenschale als andersrum.

# ES WERDE LICHT!

76

Nimm Malerkrepp oder Washi Tape (beides lässt sich von Tapeten rückstandsfrei entfernen) und klebe damit aus mehreren LED-Lichterketten Stück für Stück eine Tannenform an die Wand (der Stecker hängt dabei im „Stamm“ nach unten). Anschließend klebst du noch Baumschmuck dazu (oder steckst ihn mit Stecknadeln fest). Einstecken – tataaa!



Hitzetest durchführen: Konventionelle Lichterketten werden teilweise sehr heiß und können Schmorflecken an der Tapete hinterlassen.

Für haltbare Fußstapfen Schneespray verwenden.

# 77 Santas Spuren

Umfahre deine Schuhsohle mit Bleistift auf Karton. Ausschneiden und die Fußabdrücke am gewünschten Ort positionieren. Mehl durch ein feines Sieb drübersieben und den Karton wegnehmen.

# REIHENFOLGE 78

Wenn du einen Baum schmückst, solltest du bei allen Teilen beherzigen, dass du am einfachsten von oben nach unten arbeitest. So kommst du nicht mit den Lichterketten durcheinander und Deko lässt sich besser gleichmäßig verteilen, weil der Baum oben meistens etwas weniger dicht ist als unten. Lichterketten vor allem anderen anbringen!

Wenn du echte Kerzen statt einer Lichterkette verwendest, sind diese allerdings zuletzt dran!

Teste unbedingt vor dem Schmücken, ob alle Lichterketten auch funktionieren.

# 79 Variantenreich

Verwende mehrere Lichterketten mit unterschiedlich großen Lämpchen, um deinen Baum effektvoll zu verzieren.

# KLOROLLEN-STERN 80

Du schneidest die Klorolle der Länge nach auf und schneidest aus ihr sechs gleich breite Streifen. Diese Streifen klebst du mit doppelseitigem Klebeband jeweils an den offenen Enden zusammen. Nun befestigst du jeweils an den spitzen Enden an den Außenkanten doppelseitiges Klebeband und klebst sie aneinander, bis alle sechs Teile aufgebracht sind. Eine Schnur als Aufhängung am Stern befestigen. Fertig!

# 81 BÄUMCHEN AUS MUFFIN-MANSCHETTEN

Aus bunten Muffinpapierförmchen kannst du schnell kleine Bäumchen zaubern. Du kannst sie an die Fenster hängen oder auf Geschenke kleben. Streich die Muffinmanschetten glatt aus und falte sie über die Mitte zu Halbkreisen. Diese ebenso noch 1–2 mal über den Mittelpunkt knicken, sodass eine Röckchenform entsteht. Mehrere solcher Teile mit Klebestift aneinander fixiert, ergeben die hübschen Bäumchen.

Mit Klebestreifen hinten angeklebte Cake-Pop-Stiele machen daraus stehende Bäumchen, die du auch hübsch als Fensterkasten- oder Kuchendeko verwenden kannst.

# Was guckst du?

82

Wenn die Zeit zum Dekorieren des Baumes nicht reicht, kannst du ihn einfach mit zwei großen Wackelaugen bestücken und ihm so ein bisschen Leben einhauchen.

# Geschenke & Verpackungen

# Lieblingskeks-
# 83 likör



Blitzschnelles Geschenk: 12 Oreo®-Kekse mit dem Mixer zu Pulver zermahlen. Anschließend 1 EL Vanillinzucker und 2 EL Wasser bei niedriger Temperatur erhitzen, bis sich der Zucker gelöst hat. Nun 200 ml Sahne angießen, das Kekspulver hineingeben und verrühren. Köcheln lassen bis die Masse etwas cremig wird. 200 ml Milch und 150 ml Rum unterrühren. Abkühlen lassen und in eine 750 ml-Flasche abfüllen.

Im Kühlschrank aufbewahren.

Klasse pur, auf Vanilleeis, Schokopudding oder im Kaffee!

# Mitgebracht 84

Heißer Kakao für kalte Tage: Fülle ein kleines Gewürzglas zu zwei Dritteln mit Trinkschokoladepulver und das restliche Drittel mit Marshmallows und Schokosplittern. Deckel drauf, Schleife drum und ein 0,2 l-Likörfläschchen (Kaffee- oder Karamell-Likör) dranbinden. Fertig!

Du kannst auch etwas von dem Keks-Likör in kleine Fläschchen abfüllen – der passt prima dazu.

85

# Ananas-Sekt

Diese Flasche lässt sich super solo verschenken – oder als lustiges Highlight in einem Obstkorb.

**1** Kaufe vier Packungen Ferrero Rocher®: Entferne das Logo jeder Praline und klebe auf die Rückseite jeder Kugel ein Stück doppelseitges Klebeband.

**2** Den Hals der Sektflasche verkleidest du mit grünem Tape. Schneide aus grünem Bananenpapier ein paar Blätter zu und klebe sie mit doppelseitigem Klebeband an den Flaschenhals.

**3** Klebe die Ferrero Rochers® von unten beginnend auf die Flasche.

**4** Die unteren Enden der Ananasblätter mit einer Reihe Goldkugeln verkleben und um den Hals eine Zackenlitze in Gelb binden.

Hübscher Verschluss: Washi Tape um die Geschenkverpackung kleben.

# 86

# KLOROLLEN-VERPACKUNG

Schnelle Box für Kleinigkeiten: Drücke die Enden einer Klopapierrolle nach innen. Befülle die Rolle mit dem Geschenk und verschließe sie, indem du an jeder Seite die Außenkanten übereinanderlegst.

# Erinnerungs-Anhänger 87

Gesprächsanregende Geschenkanhänger bekommst du, wenn du die Geschenke statt wie sonst üblich mit Namen mit Fotos versiehst. Besonderen Spaß macht es, wenn die Bilder älter oder uralt sind – und jeder raten muss, wer denn da auf dem Foto zu sehen ist.





Omas uralte Fotos sind vielleicht zum Basteln zu kostbar – kopiere sie, statt sie zu zerschneiden!

# Magazin-Schleife

88

Verwende entweder nur Seiten mit Fotos oder nur Seiten, die komplett mit Text bedruckt sind. Mischungen sehen seltsam aus.

1 Schneide aus einer Magazinseite neun Streifen zu (3 Streifen: 1,5 cm x 19 cm, 3 Streifen: 1,5 cm x 16 cm, 2 Streifen: 1,5 cm x 14 cm, 1 Streifen: 1,5 cm x 10 cm).

2 Lege nun alle Streifen (außer dem kürzesten) zu einer Schleife und fixiere sie mit Klebeband.

3 Klebe nun die drei großen Schleifen mithilfe von doppelseitigem Klebeband zu einer Blume übereinander.

4 Danach die mittlere Länge darüber kleben.

5 Die beiden kleinen Streifen aufkleben und abschließend den kürzesten Streifen aufrollen und ins Zentrum der Rosette kleben.

# Fließband-produktion

89





Du kannst eine große Anzahl Weihnachtskarten schnell und günstig selbst herstellen, indem du Formen (Herzen, Sterne, Tannen) aus Moosgummi ausschneidest und auf eine Fusselrolle klebst. Nun die Rolle mit (Acryl-)Farbe bestreichen und auf einem Stück Papier oder Tonkarton abrollen. Karten zuschneiden und fertig beschriften.

Statt einer Fusselrolle funktioniert auch ein ausrangiertes Nudelholz prima.

Zwischen Farbwechseln kurz die Ausstecher mit Küchenkrepp abreiben.

90

# GESTEMPELTES PAPIER

Wenn das Geschenkpapier in diesem Jahr was Besonderes sein soll, kannst du einfach mit Keksausstechern und Acrylfarbe auf Packpapier stempeln. Gut trocknen lassen und dann damit die Geschenke einpacken.

Winterlook: Weißes Garn und kurzgeschnittene, aufgedröselte Wollgarnenden.

# 91 Tolle Wolle

Geschenkband kräuseln war gestern. Packe dein Geschenk am besten in einfarbiges Geschenkpapier (Packpapier) und umwickle das Ganze mit hübschen Wollgarnresten, die du an den Enden verknotest (oder zu Schleifchen bindest). Damit kannst du deinen eigenen Stil kreieren: mehrlagig gewickelt, verwebt oder mit Farbverlauf.

# 92 BECHERBOX

Pappbecher sind super Geschenkverpackungen für kleinteilige Präsente. Mit einem wasserfesten Filzstift kannst du die Becher bemalen. Mit einer Schere schneidest du dir einen Kreis mit Lasche aus (wie beim Joghurt), der den Becher gut abdeckt. Geschenk rein und anschließend bestreichst du die Kante vom Becher dünn mit Klebstoff und klebst die Lasche drauf. Trocknen lassen – fertig!

Zwei Becher mit den Öffnungen aufeinandergestellt ergeben eine Matroschkaform!

Klebt nicht? Becherkante mit Nagelfeile aufrauen!

# 93 HÜBSCHE HAUSHALTSGUMMIS

Merry X-mas! Herumliegende Haushaltsgummis bekommen einen neuen Charme, wenn du deine Geschenke mit ihnen statt mit Schleifenband verpackst. Hält bombenfest und sieht auch noch sehr hübsch aus!

Die Masse macht's!

# Baumarktgrüße 94

Farbmusterkarten aus dem Baumarkt eignen sich prima fürs Weihnachtskartenbasteln. A4-Tonpapier in Kartenform mittig zusammenklappen. Farbmusterkarte in Baumform zuschneiden (und ggf. mit dem Bürolocher auch noch kleine Kreise in einer Kontrastfarbe als Kugeln ausstanzen). Alles aufkleben und mit einem Stift einen Weihnachtsgruß ergänzen.

Schön sind auch Geschenkanhänger, direkt aus Farbmusterkarten geschnitten.

Du kannst sie auch unauffällig wieder zusammenkleben (Sekundenkleber) und den Beschenkten überraschen, wenn du ihn bittest, dir eine Walnuss zu öffnen.

# 95 ÖKO-VERPACKUNG

Öffne eine Walnuss vorsichtig mit einem Messer, entnimm die Nuss und bemale die Schale von innen mit Goldfarbe. Trocknen lassen und mit Watte und dem Geschenk (Ohrringe, Kettenanhänger, Ring) befüllen. Nun die Nuss wieder verschließen und mit einem Band fixieren.

# Schneller Schneemann 96

Den Anhänger aus Glitzerkarton ausschneiden und mithilfe von Sekundenkleber zwei weiße Knöpfe aufkleben. Oben ein Loch stanzen und eine Anhängerschnur befestigen. Den Zylinder vom Schneemann dazumalen. Du kannst auch weitere Bänder als Dekoration auf den Anhänger kleben.

97

# Reinlicher Rudolf

Lege dein Geschenk in ein kleines braunes Handtuch. Erst die vordere und die hintere Längsseite über das Geschenk legen, dann die rechte und linke Seite zur Mitte klappen. Mit einem Band verschließen. Klebe nun zwei Wackelaugen auf sowie einen roten Pompon als Nase. Das Geweih formst du aus braunem Chenilledraht.

Diese Verpackung eignet sich vor allem für Wellness-Geschenke wie tolle Duschbäder etc.

# Orakel-Pralinen 98

Ein schnelles Geschenk erhältst du, indem du eine Packung Pralinen individuell umgestaltest: Kleine Zettel nehmen, als Manschette zuschneiden und jede mit einem kleinen Spruch verzieren („Nimm mich!", „Frohe Weihnachten!"). Mit Klebestreifen klebst du die Zettel nun um die Pralinen herum fest.

Kleine Botschaften, wie du sie von Glückskeksen kennst, sind besonders lustig!

# Heul doch! 99

Was für ein originelles Geld-Geschenk! Die oberen zehn Taschentücher einer Taschentuchbox entnehmen. Arbeite mit Klebestreifen oder Washi Tape: Jeweils einen Geldschein an ein Taschentuch kleben, dann alles zu einer langen Kette verbinden. Alles zurück in die Box stopfen. (Optional: Taschentücherbox mit Farbe, Geschenkpapier und Bändern gestalten.) Schleife drum – fertig!

Statt Geld funktionieren auch liebe Zettelbotschaften.

Gut für Schmachtfilm-Liebhaber!

Einfacher als Scheine sind Münzen, denn du kannst sie mit Washi Tape zu kleinen Türmen kleben.





# 100 Süße Moneten

Nimm dir eine Pralinenschachtel und iss die Hälfte der Pralinen auf. Fülle nun die leeren Plätze mit Geld auf. Die Scheine kannst du nach dem Falten mit einem Faden fixieren (oder du faltest einen Origami-Kranich). Verschließe nun die Schachtel wieder und verschenke sie.

# WRAPPING WRAP 101

Ein Kleiderbügel und eine Schutzhülle für Anzüge sind sehr dienlich, um Geschenkpapierrollen ordentlich aufzubewahren: Bügel im Kleiderschrank einhängen, die Geschenkpapiere nebeneinander in der Kleiderschutzhülle positionieren und schon sind sie ordentlich, staub- und feuchtigkeitssicher bis zum nächsten Advent aufbewahrt.

Mache dir Themensäcke. So hast du das Weihnachts-, Geburtstags- oder Osterpapier mit einem Griff.

# Aufgehängt!

## 102

Geschenkpapiere, die nicht auf Rollen gelagert werden (Einzelbögen), kannst du auf Hosenbügel hängen, dann bleiben sie absolut knitterfrei.

Super Staubschutz: Reinigungsfolie (die mal über dem guten Hemd war) über den Hosenbügel stülpen.

# Impressum

**Unser Service für Sie**
Wenn Sie Fragen zu den Anleitungen in diesem Buch haben, schreiben Sie uns einfach eine E-Mail an: hilfe@frechverlag.de. Wir helfen Ihnen gerne weiter.

FSC
www.fsc.org
MIX
Papier aus verantwortungsvollen Quellen
FSC® C015559

Fotos: frechverlag GmbH, 70499 Stuttgart; lichtpunkt, Michael Ruder, Stuttgart
Illustrationen: Fotolia: girafchik (hand drawing decorative elements),
FSM Premedia GmbH & Co. KG, Münster (Silvester- und Winterzeichnungen),
Christine Gerlach und Charlotte Müller, www.rosenrot-berlin.blogspot.de (Kapitelaufmacher)
Druck und Bindung: Drukarnia Interak Sp. z o.o., Polen



Genehmigte Sonderausgabe

frechverlag GmbH
Turbinenstraße 7
70499 Stuttgart

1. Auflage 2018

ISBN 978-3-945633-54-0